Mandie Davis
&
Agatha O'Neill

First published by Les Puces Ltd in May 2019
ISBN 978-1-9164839-4-1
© May 2019 Les Puces Ltd
Original artwork © May 2019 Agatha O'Neill
and Les Puces Ltd
www.LesPuces.co.uk

Egalement disponible chez Les Puces

Consultez notre boutique en ligne sur www.lespuces.co.uk

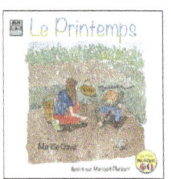   

Normalement, tu n'as pas le droit de dessiner sur les livres, mais Arty le chat t'invite à colorier dans les blancs pour montrer tes talents d'artiste ! Arty recommande de le faire avec des crayons de couleurs.

Arty
et les insectes

Arty est dans son atelier. De nombreuses petites créatures défilent sur le sol, passent par la porte et sortent dans le jardin.

Arty attrape une loupe et un carnet à dessin et les suit.

Arty est allongé dans l'herbe et observe les fourmis noires qui cherchent de la nourriture. Arty voudrait trouver plus d'insectes.

Arty trouve une araignée au centre d'une toile d'araignée. Une libellule bleue vive se pose sur la corde à linge. Ses ailes sont transparentes et ses yeux sont immenses.

On peut entendre un bourdonnement en provenance du parterre de fleurs. Quel type de créature fait un tel bruit ?

Une abeille récolte du pollen et un syrphe butine le nectar d'une fleur. Il y a tant d'insectes dans le jardin !

Près du tas de bois, Arty est surpris de trouver un énorme scarabée cerf. « C'est le plus gros scarabée que j'aie jamais vu ! » se dit Arty.

Grossi à la loupe, un cloporte ressemble à une créature préhistorique !

Peux-tu voir d'autres insectes ?

Il y a une chenille poilue, une tipule aux longues pattes et une guêpe à rayures. La guêpe découpe des brindilles de bois de la cabane pour en faire un nid en papier.

Peux-tu voir des créatures dans le potager ?

Il y a une coccinelle rouge avec sept points noirs, une sauterelle verte vive qui saute en l'air et un perce-oreille.

Arty se sent inspiré pour peindre quelque chose de spécial. En route pour son atelier, il aperçoit un papillon déployant ses ailes au soleil.

De retour dans son atelier, Arty déplace prudemment une punaise verte posée sur sa toile. Il commence alors à travailler sur son chef-d'œuvre.

Il fait presque nuit. Arty était tellement occupé qu'il n'a pas remarqué le papillon de nuit qui virevolte autour de sa lumière.

Son tableau est terminé ! Quel insecte fantastique ! Que peindrais-tu ?

His painting is finished! What a fantastic insect! What would you draw?

It's nearly dark. Arty has been so busy he didn't notice a moth flying around his light.

Back in his studio, Arty carefully moves a green shield bug that is sitting on his canvas. He starts work on his masterpiece.

Arty is inspired to paint something special. On the way to his studio he sees a butterfly unfolding its wings in the sunshine.

There is a red ladybird with seven black spots, a bright green grasshopper jumping through the air, and an earwig.

Can you see any creatures in the vegetable patch?

There's a hairy caterpillar, a long-legged crane fly and a stripy wasp. The wasp is cutting strips of wood from the shed to make a paper nest.

Can you see any other insects?

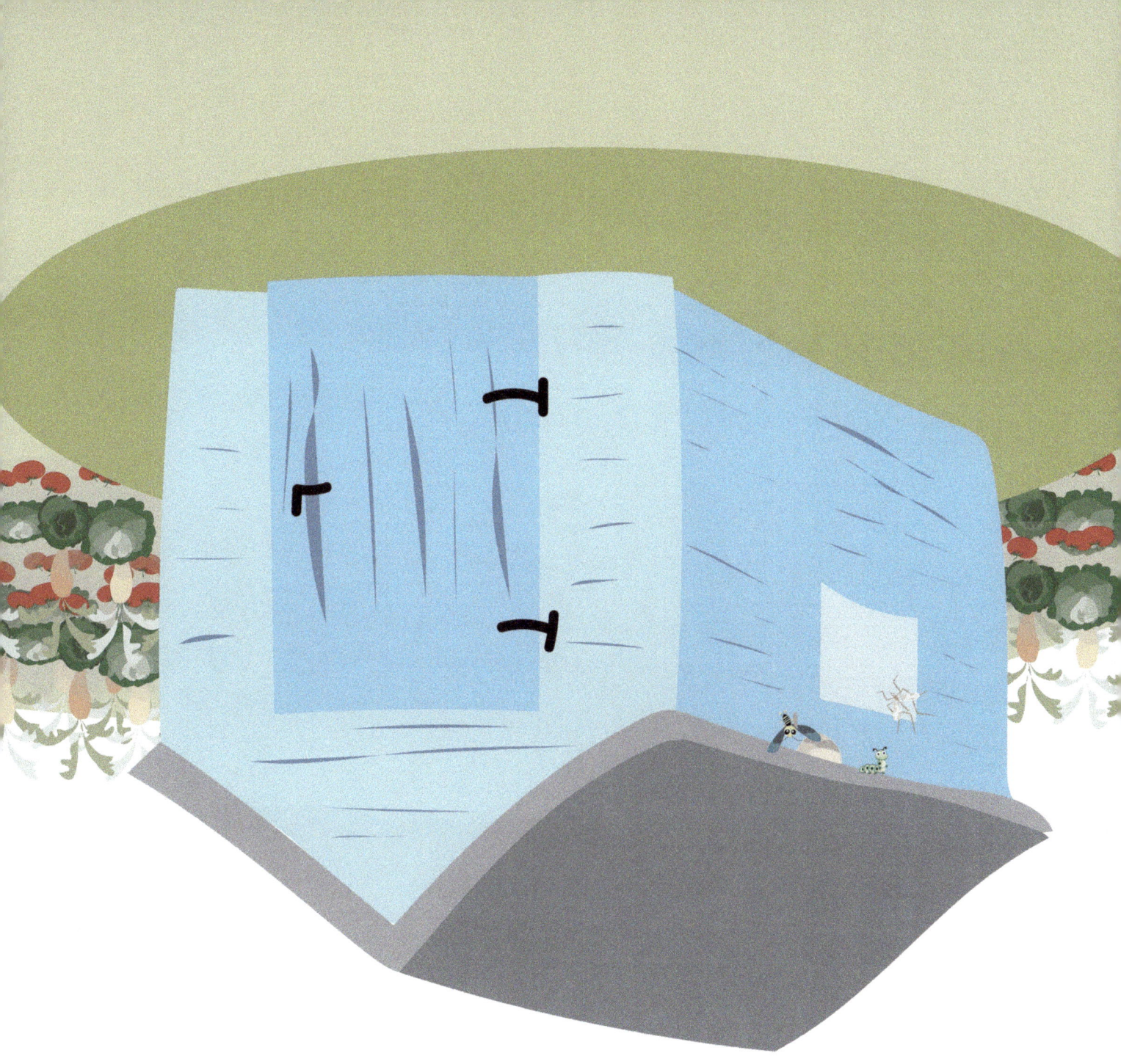

Through a magnifying glass, a woodlouse looks like a prehistoric creature!

Near the log pile, Arty is surprised to find a huge stag beetle. "It's the biggest beetle I've ever seen," thinks Arty.

A bee is collecting pollen and a hoverfly sips nectar from a flower. There are so many insects in the garden!

There is a buzzing sound coming from the flowerbed. What type of creature makes a noise like that?

Arty finds a spider in the centre of a web. A bright blue dragonfly lands on the washing line. It has transparent wings and huge eyes.

Arty lies in the grass watching the black ants who are looking for food. Arty would like to find more insects.

Arty is in his studio. A line of little creatures march across the floor, out of the door and into the garden.

Arty grabs a magnifying glass and sketch book and follows them.

Arty and the insects

You don't normally draw in books, but Arty the cat invites you to colour in any of the white areas to show off your artistic talents! Arty recommends coloured pencils or crayons.

Also available from Les Puces

Visit the shop on our website at www.lespuces.co.uk

Mandie Davis
&
Agatha O'Neill

First published by Les Puces Ltd in May 2019
ISBN 978-1-9164839-4-1
© May 2019 Les Puces Ltd
Original artwork © May 2019 Agatha O'Neill
and Les Puces Ltd
www.lespuces.co.uk

www.ingramcontent.com/pod-product-compliance
Lightning Source LLC
Chambersburg PA
CBHW042028100526
44587CB00029B/4338